PRESBITERADOS INTENCIONALES

Cómo reclamar nuestra identidad como Sacerdotes Diocesanos

Rev. J. Ronald Knott

Sophronismos Press
Louisville, Kentucy USA

PRESBITERADOS INTENCIONALES
Cómo reclamar nuestra identidad como Sacerdotes Diocesanos

Copyright © 2003 J. Ronald Knott
Derechos reservados.

Queda prohibida el uso o la reproducción de este libro de cualquier manera sin contar la autorización de los titulares de propiedad intelectual salvo breves citas en artículos críticos o reseñas.

Diseño de tapa: J. Ronald Knott
Traductores:
Rev. Arthur Mollenhauer, Yanira Torres y Jante Torres
Diseño del libro: Lori Massey y Tim Schoenbachler
Foto de tapa: Cortesía de Nicolás Ajpacajá Tzoc y Basilio Az Cuc

Primera impresión: Noviembre 2003.

ISBN: 978-0-9800023-7-9

A nuestros futuros sacerdotes, especialmente aquellos jóvenes que están respondiendo valientemente al llamado a ser sacerdotes diocesanos en nuestra Iglesia de hoy.

También por J. Ronald Knott

An Encouraging Word: Renewed Hearts, Renewed Church;
Sophronismos Press, 1995

One Heart at a Time: Renewing the Church in the New Millennium;
Sophronismos Press, 1999

Sunday Nights: Encouraging Words for Young Adults;
Sophronismos Press, 2000

Diocesan Priests in the Archdiocese of Louisville;
Archdiocese of Louisville Vocation Office, 2001

Religious Communities in the Archdiocese of Louisville;
Archdiocese of Louisville Vocation Office, 2002

*Intentional Presbyterates:
Claiming Our Common Sense of Purpose as Diocesan Priests;*
Sophronismos Press, 2003

*From Seminarian to Diocesan Priest:
Managing a Successful Transition;*
Sophronismos Press, 2004

*The Spiritual Leadership of a Parish Priest:
On Being Good and Good At It;*
Sophronismos Press, 2007

Intentional Presbyterates: The Workbook;
Sophronismos Press, 2007

For The Record: Encouraging Words for Ordinary Catholics;
Volumes 1 - 10, Sophronismos Press, 2003-2012

Para información acerca de la adquisición de sus libros en formato electrónico o ediciones impresas, vean:
www.ronknottbooks.com

Tabla de Contenidos

Prefacio 7

Capítulo 1:
El Sacerdocio En Su Contexto 11

Capítulo 2:
¿Qué es un Presbiterado? 15

Capítulo 3:
¿Por qué Necesitamos Presbiterados Intencionales? ... 19

Capítulo 4:
¿A Quién Corresponde la Labor de Formar
Presbiterados Intencionales? 31

Capítulo 5:
Creación y Ejecución de un Plan 33

Capítulo 6:
Modelo de Asamblea Presbiteral 43

Capítulo 7:
Roles y Promesas de Celibato y
Obediencia de los Presbiterados Intencionales ... 47

Capítulo 8:
Presbiterados Adecuados: Responsabilidad
de la Diócesis 49

Capítulo 9:
Conclusión 51

Citas Bibliográficas 55

Bibliografía 59

PREFACIO

"Lo peor es no hacer nada."
Winston Churchill

Durante los 12 años que duró mi formación sacerdotal, recibí mucha información sobre qué es un sacerdote, los conocimientos que debe tener, y cómo debe ser, pero no recuerdo siquiera una hora de instrucción sobre cómo debe ser un sacerdote de un presbiterado. La mayoría de nosotros lo hemos aprendido sobre la marcha.

Aunque el nuevo Código de Derecho Canónico dice que "Se debe formar a los seminaristas para que estén preparados para una unión fraterna con el presbiterio diocesano,"[1] no conozco ningún seminario, ni siquiera hoy, que enseñe suficientemente a los futuros sacerdotes a ser miembros de sus presbiterados. No estoy seguro de que puedan. Parece que se da por sentado que los recién ordenados lo obtengan por ósmosis o que las diócesis se encarguen individualmente de ello. Generalmente no lo hacen. Como director de vocaciones me preocupé mucho por esta evidente omisión y por el hecho de que nuestros nuevos sacerdotes son admitidos en presbiterados reducidos y desmoralizados en los que tienen que arreglárselas por sí solos.

La esperanza permanece. La Organización Nacional de Educación Permanente para el Clero Católico Romano (*National Organization for Continuing Education of Roman Catholic Clergy* (NOCERCC) anunció el 3 de febrero de 2003 el establecimiento de un fondo de apoyo financiero para esta nueva iniciativa llamada: *Cultivando la Unidad: El presbiterado y el Obispo*. La base teológica para esta prometedora iniciativa se encuentra en la Tercera Parte del *Plan Básico para la Formación Permanente de los Sacerdotes* (*The Basic Plan for the Ongoing Formation of Priests*), aprobado en el año 2000 por los obispos de los Estados Unidos.

El *Plan Básico* reconoce que los sacerdotes son "formados" en la vida común de un presbiterado en particular, dejando claro que la animación de la vida y ministerio de cada sacerdote requiere una unidad eclesial fundamental entre los sacerdotes y su obispo. La respuesta de NOCERCC a esta visión y al llamado de los obispos al liderazgo en la formación permanente de los sacerdotes es *Cultivando la Unidad: El Presbiterado y el Obispo.*

Escuchamos muchas cosas sobre el hecho de que los sacerdotes diocesanos no son "soldados aislados," pero la realidad de la situación prácticamente garantiza que lo seremos por defecto. Por otra parte, tampoco somos un "club de viejos amigos." En vez de ser una fraternidad encerrada en sí misma, un verdadero presbiterado unido se redirige dinámicamente hacia fuera con caridad pastoral y con el regalo de darse a sí mismo al rebaño a él confiado.[2] Los presbiterados tampoco son "comunidades religiosas" como tales. Sin embargo, los miembros de un presbiterado local tienen una conciencia colectiva de ser enviados. En otras palabras "están reunidos" para ser enviados unidos.

Cuando empecé a investigar sobre los *presbiterados* en documentos recientes de la Iglesia me impactó el hecho de que se hubiera escrito muy poco sobre el tema. El *Plan Básico para la Formación Permanente de los Sacerdotes,* antes mencionado, validó mis sospechas cuando sostiene que "los sacerdotes no son sacerdotes en forma individual, sino que son sacerdotes que sirven a la misión de la Iglesia en un presbiterado en unión con el obispo. El sentido colectivo de la identidad y misión sacerdotal, aunque no está desarrollado plenamente aun en los documentos oficiales, surge claramente como una guía importante para el futuro."[3]

Hay mucho material sobre el sacerdocio, sobre la relación individual de los sacerdotes con sus obispos, y aún la de los sacerdotes con los laicos, pero no hay mucha información sobre la relación que tienen entre sí los sacerdotes diocesanos en un presbiterado específico, sobre esa "íntima fraternidad sacramental" como la llaman el Consejo y el Catecismo de la Iglesia Católica.[4] Siempre se nos ha dicho que no somos ni una "comunidad religiosa," ni un "club de viejos amigos;" sin embargo, aún no estamos incluidos en los documentos oficiales de la Iglesia.

Hace algunos años empecé a insinuar al personal de los seminarios que sería una buena idea incluir *este entrenamiento en el currículo de los seminarios para los seminaristas diocesanos*. El rector de un seminario me escuchó y empezó a promover esta idea entre los obispos y directores vocacionales.

Finalmente, me vino a la mente un molesto mantra parental de la niñez: "Si quieres que algo quede bien hecho, hazlo tú mismo." Quizás yo no lo esté "haciendo bien," pero este pequeño libro es un intento por "hacerlo yo mismo." En este pequeño libro he tratado de reunir todo lo que pude de varios documentos sobre el tema de los presbiterados y hacer comentarios sobre ellos de acuerdo con mi propia experiencia, especialmente como director de vocaciones. Espero que sea útil en la formación de nuestros seminaristas sobre los fundamentos de ser miembros presbiterales, y, también, en empezar una discusión dentro de mi propio presbiterado (y quizás también en otros) sobre la posibilidad de pasar de presbiterado por casualidad a presbiterado intencional.

Mi último libro sobre el sacerdocio diocesano se titula *"Sacerdotes Diocesanos en la Arquidiócesis de Louisville: Compañeros del Obispo, de los Diáconos, de los Religiosos Consagrados y de los Laicos al servicio de la Iglesia"* (*Diocesan Priests in the Archdiocese of Louisville: Partners With the Bishop, Deacons, Consecrated Religious and Lay Ministers in the Services of the Church*). Si tuviera que reescribirlo, incluiría en el título: "compañeros mutuos." Este último esfuerzo, *Presbiterados Intencionales,* intentará abordar nuestra asociación presbiteral como una manera de reclamar nuestra identidad como sacerdotes diocesanos.

J. Ronald Knott
Noviembre de 2003

Capítulo 1
El Sacerdocio En Su Contexto

Cristo da un don especial a los sacerdotes para que puedan ayudar al pueblo de Dios a ejercer fiel y totalmente el sacerdocio común que éstos han recibido.

Papa Juan Pablo II

Como hay muchas opiniones circulando hoy en día por ahí sobre lo que es o debería ser el ministerio ordenado. Sería bueno resumir, antes de que empecemos a hablar sobre los presbiterados en general, lo que la autoridad docente de la Iglesia enseña sobre el ministerio ordenado.

Intentaré resumir la mayoría de los documentos más recientes de la Iglesia que hablan sobre el ministerio ordenado de la Iglesia: cómo se relacionan los sacerdotes ordenados con los obispos y los diáconos, cómo se relacionan los sacerdotes de las diócesis con los sacerdotes de las órdenes religiosas, y cómo se relacionan los sacerdotes ordenados con el sacerdocio común de los laicos.[5]

Antes de que Jesús dejara la tierra, comisionó a sus seguidores para que continuaran su misión e hicieran discípulos, bautizándolos en el nombre del Padre, del Hijo y del Espíritu Santo. Para que estuviéramos equipados para este trabajo nos envió al Espíritu Santo.

Por tanto, a todos los bautizados se nos ha confiado la formación del pueblo de Dios: la Iglesia, y continuar con algunos aspectos de la misión de Cristo. Hay variedad de llamadas específicas dentro de la llamada general a continuar con la misión de Jesucristo.

La Iglesia entera está formada de gente sacerdotal. Mediante el bautismo todos los fieles comparten el sacerdocio de Cristo. Esta participación se llama "el sacerdocio común de los fieles."

Con base en este sacerdocio común, ordenado a su servicio, existe otra participación en la misión de Cristo: el ministerio concedido en el sacramento de la Sagrada Ordenación, cuya misión es servir a la comunidad en nombre de Jesucristo.

La Sagrada Ordenación es el sacramento mediante el cual la misión confiada por Cristo a sus apóstoles continúa siendo ejercida en la Iglesia hasta el final de los días, siendo por consiguiente el sacramento del ministerio apostólico.

El ministerio de la ordenación difiere en esencia del sacerdocio común de los fieles en que el primero confiere un poder sagrado para el servicio de los fieles. Los ministros ordenados prestan su servicio al pueblo de Dios, predicando la Palabra, presidiendo la celebración de los sacramentos y guiando comunidades de creyentes.

Desde el comienzo, el ministerio de la ordenación ha sido confiado y ejercido en tres jerarquías: obispos, sacerdotes y diáconos. Los ministerios concedidos por la ordenación son irreemplazables debido a la estructura básica de la Iglesia. Según San Ignacio de Antioquía, "Sin el obispo, los presbíteros y los diáconos, la Iglesia no existiría."

Los sacerdotes están unidos al obispo en dignidad sacerdotal, y al mismo tiempo dependen de él en el ejercicio de sus funciones pastorales. Son llamados a ser los prudentes compañeros de trabajo de los obispos. Forman alrededor del obispo el cuerpo sacerdotal que comparte con él la responsabilidad de una parroquia en particular.

Básicamente hay dos maneras de servir a la Iglesia: como sacerdote "diocesano" o como sacerdote perteneciente a una "orden religiosa." "Cuando la llamada al sacerdocio va a la par con la atracción a estar con el pueblo de Dios en determinado lugar, la iglesia local, o la diócesis, sirviéndolas particularmente en una parroquia, entonces la llamada es al sacerdocio diocesano."[6] "No sólo (los sacerdotes diocesanos) son llamados de su estado laico a ser sacerdotes, sino que también prefieren seguir viviendo entre los laicos, liderar comunidades laicas, y enfocar su ministerio en la misión y espiritualidad del laicado."[7] Todos los sacerdotes son enviados como compañeros de orden en la misma misión, estén o no comprometidos en un ministerio parroquial o supra-parroquial, dediquen sus esfuerzos a la investigación científica o docencia, compartan las labores manuales con los mismos trabajadores, o cumplan algunas otras tareas apostólicas o labores relacionadas con su apostolado.[8]

El presbítero diocesano usualmente sirve durante toda su vida dentro de los límites de un área geográfica determinada, llamada diócesis, dirigida por un obispo, a quien hace votos de celibato y obediencia. Por lo general, los presbíteros diocesanos se especializan en un ministerio parroquial o en algún otro servicio de la diócesis.

Los presbíteros que pertenecen a una orden religiosa hacen votos, sirven, viven y rezan en comunidad, y siguen las reglas de la orden a la cual pertenecen. Al igual que los presbíteros diocesanos, algunos de ellos trabajan en parroquias. Mientras que los presbíteros diocesanos generalmente trabajan toda su vida en una diócesis, los presbíteros de las órdenes religiosas pueden ser enviados a otros lugares del país e incluso a otros países para trabajar donde su congregación los requiera. Mientras trabajan en una diócesis en particular, los presbíteros de las órdenes religiosas forman parte del presbiterado local.[9]

Capítulo 2
¿Qué es un Presbiterado?

Es terrible mirar hacia atrás cuando estás tratando de liderar y ves que no hay nadie que te siga.

Franklin D. Roosevelt

Debido a la escasez de material en documentos recientes de la Iglesia sobre los presbiterados, la definición más importante es un pequeño párrafo de "El Decreto sobre el Ministerio y la Vida de los Presbíteros" (*"The Decree on the Ministry and Life of Priests"*) del Concilio Vaticano II. Lo demás son comentarios.

... todos los presbíteros, constituidos por la Ordenación en el Orden del Presbiterado, están unidos todos entre sí por la íntima fraternidad sacramental, y forman un presbiterio especial en la diócesis a cuyo servicio se consagran bajo el propio Obispo. Porque aunque se entreguen a diversas funciones, desempeñan con todo un solo ministerio sacerdotal para los hombres.[10]

La redacción cuidadosa de este decreto mantiene la distinción entre un presbiterado mundial en el que todos los presbíteros están vinculados a un episcopado mundial, y una fraternidad local de sacerdotes vinculada a su obispo en una diócesis en particular. El *colegio de obispos* es de ordenación divina, el presbiterio diocesano es de derecho eclesiástico. Estos cuerpos de sacerdotes no pueden ser considerados separadamente de sus obispos. Su raison d'etre es estar unidos al obispo y ser obedientes a él.[11]

La fraternidad sacramental a nivel de las iglesias locales implica que cada miembro esté unido a los demás mediante un sentido de propósito común y un espíritu de colaboración en la misión diocesana.[12] El Sacramento de la Sagrada Ordenación se confiere a cada uno de ellos como individuos, pero están incluidos en la comunión del presbiterado junto con el obispo.[13]

"... Los sacerdotes no son sacerdotes en forma individual, sino que son sacerdotes y sirven la misión de la Iglesia en un presbiterio en unión con el obispo."[14] "... El sacerdote está llamado de modo particular a crecer..., en el propio presbiterio, y con él, unido al Obispo."[15] "Ningún sacerdote puede realizar su misión de una manera satisfactoria de forma aislada o sin ayuda. Puede hacerlo solamente uniendo fuerzas bajo la dirección de las autoridades eclesiásticas. Por consiguiente, todos y cada uno de los sacerdotes están unidos a sus hermanos sacerdotes por un vínculo de caridad, oración y colaboración."[16]

"La formación permanente de un presbiterio (diferente a la formación permanente individual de un sacerdote) es el cultivo deliberado de la unidad de los sacerdotes y su obispo ... ."[17] "Es claro que la formación permanente de los presbiterios es importante para la vitalidad de la misión de la Iglesia. Es obvio también que la formación de los presbiterios se centra en cultivar su unidad."[18] "La formación de un presbiterio en su unidad y fraternidad apunta, en último término a: (a) promover una caridad pastoral más intensa y (b) ser un signo sacramental de la Iglesia y para el mundo del llamado de la humanidad a ser llevada a la vida misma de la Santísima Trinidad. Jesús ora por la unidad entre sus discípulos, por quienes tendrán la misión apostólica."[19] Producto de esta realidad del presbiterado está el espíritu de servicio o ministerio entre sacerdotes, salvando las diferencias que surgen de experiencias diversas, agradecidos de las perspectivas y dones religiosos del clérigo diocesano, "preocupados" por los demás sacerdotes necesitados, y apoyando las actividades espirituales con su presencia y participación, y siendo activos en las asociaciones sacerdotales."[20]

"... Puede ser útil destacar lo que no es la unidad presbiteral. Obviamente, por ejemplo, la unidad presbiteral no se basa en relaciones de consanguineidad. Ni depende de la amistad, ni incluso de la similitud de pensamiento. No significa que todos deban ser iguales. Y, naturalmente, la unidad presbiteral nunca se asienta legítimamente en una actitud de superioridad o machismo, lo que de hecho es clericalismo."[21] Los sacerdotes que forman parte de un presbiterado son llamados del laicado, viven entre los laicos, para fortalecer a los laicos. Con una "conciencia grupal de ser enviados," están reunidos para ser enviados unidos.

El ministerio de los sacerdotes no está limitado al cuidado de los fieles como individuos, sino que también se extiende a la formación de una auténtica comunidad cristiana. Los sacerdotes son, en nombre del obispo, defensores del bien común. Su tarea es reconciliar diferencias de mentalidad de tal manera que ninguno de ellos se sienta extraño en la comunidad de los fieles. "Nadie puede dar de lo que no tiene." Si estamos destinados a ser los formadores de la comunidad, tendremos que aprender a ser miembros de una, principalmente nuestra "íntima fraternidad sacramental," (nuestro propio presbiterado).

Capítulo 3
¿Por qué Necesitamos Presbiterados Intencionales?

"Quien no aplica nuevos remedios debe esperar nuevos males."
Francis Bacon

"A pesar de los cambios sin precedentes y del calvario que sumieron al sacerdocio al comienzo del milenio, el esprit de corps asociado durante mucho tiempo al clero católico se rehúsa a doblegarse. La fraternidad se mantiene. A medida que los primeros rayos de los albores del milenio capturan el contorno del rostro cambiante del sacerdocio, los sacerdotes aún sienten que pertenecen a una fraternidad misteriosa que continúa moldeando sus vidas y su percepción del mundo. No sólo su identidad pastoral está cimentada en el pacto de la ordenación, sino que experimentan un vínculo espiritual que los une a los sacerdotes de todo el mundo, ciertamente sacerdotes de épocas pasadas y futuras."[22]

A pesar de que muchos de estos pensamientos pueden ser todavía válidos, es importante notar que fueron escritos justo antes del reciente "escándalo de abuso sexual" que involucró a los presbíteros estadounidenses. Mientras que en la actualidad ocurren muchas cosas buenas en los presbiterados, y muchos de ellos tienen grandes y antiguas tradiciones, es funesto para la Iglesia de hoy día tomar éxitos pasados por sentado. Lo que nos ha tenido unidos en el pasado se está derrumbando. Hoy en día más que nunca tenemos que ser conscientes de nuestra "falta de sentido de colectividad." "El vínculo de unión del presbiterado necesita fortalecerse hoy más que nunca ...."[23] Lo que necesitamos es una conciencia colectiva, una misión de compañerismo que encenderá y unirá no solamente al mismo presbiterado, sino a toda la Iglesia diocesana.[24]

El *Plan Básico para la Formación Permanente de Sacerdotes* termina con una observación que yo ya había contemplado. "El sentido colectivo de la identidad y misión sacerdotal, aunque no plenamente desarrollado ni siquiera en documentos oficiales, está surgiendo claramente como una dirección importante para el futuro."[25] Puede que "El sentido colectivo de la identidad y misión sacerdotal" todavía no esté "totalmente desarrollado," pero ahora se necesita ese sentido de colectividad. Un presbiterado con un "sentido colectivo de la identidad y misión sacerdotal" no ocurre automáticamente. Debe ser intencional. Estos presbiterados tienen que ser formados por los miembros que tienen la conciencia, el deseo y el compromiso para ello.

(1) ¿Por qué ahora? Decir que los presbiterados (en todos los Estados Unidos) enfrentan un dilema en estos momentos es quedarse corto, casi da risa. "Dilema" es la palabra perfecta para nuestra situación, porque "dilema" significa estar entre dos alternativas, "entre la espada y la pared." Una es la "crisis" y la otra la "oportunidad." Obviamente, estamos en crisis, pero quizás no es tan obvia la oportunidad que tenemos. Gregg Levoy en su libro "Llamadas" (*"Callings"*) escribió: "Una experiencia terrible puede tener como propósito liberarnos de nuestras ataduras y prepararnos para cambios importantes que todavía no podemos imaginar."[26]

(2) "Un Ejército Unido" puede ser el lema del ejército (de los Estados Unidos), pero también podría ser el nuestro. En el rito de ordenación, los sacerdotes presentes imponen las manos sobre el seminarista y luego se reúnen alrededor del obispo a medida que este reza la oración consagratoria. Mediante este rito participamos en la bienvenida y celebración de la llegada de un nuevo miembro a nuestra "íntima fraternidad sacramental." "El rito de la imposición de las manos hecho por el obispo y todos los sacerdotes tiene un significado y mérito especiales porque significa que el sacerdote no puede actuar por sí solo, sino dentro del presbiterado, convirtiéndose en hermano de aquellos que lo forman."[27]

"Con todo, la realidad es que algunas veces los miembros de los presbiterados están unos contra otros. En lugar de ser una familia unida la casa está dividida. Algunos presbíteros están divididos ideológicamente unos contra otros. Los sacerdotes diocesanos se encuentran compitiendo uno contra otro, reacios a aplaudir el trabajo de los demás por miedo a que se lo quiten a ellos. Algunos sacerdotes preferirían hacer cualquier cosa con tal de no unirse a sus hermanos sacerdotes para rezar, aprender o solamente compartir."[28] Esto nunca ha sido aceptado y, especialmente ahora, puede ser letal para los presbiterados.

(3) Una de las razones expuestas para los presbiterados intencionales es la promesa de que la efectividad pastoral sea más intensa. Con la disminución de sacerdotes y el aumento de responsabilidades necesitamos en estos momentos más que nunca trabajar más en equipo. Como no podemos trabajar más fuertemente, debemos ser más inteligentes, y la manera más inteligente de trabajar es siendo conscientes del trabajo en equipo. ¿Por qué sorprendernos porque las parroquias no pueden trabajar unidas, cuando nosotros los sacerdotes tampoco podemos?

(4) ¡Escasez de sacerdotes! ¡Escasez de sacerdotes! Todas las estadísticas muestran que el contacto saludable con los sacerdotes es la razón por la que la mayoría de los jóvenes adultos responden la llamada al sacerdocio. Un sacerdote eficiente y feliz puede ayudar más en la promoción de vocaciones de sacerdotes diocesanos que cien atractivas vallas publicitarias. Un equipo de sacerdotes eficiente y feliz puede hacer más por la promoción de vocaciones de sacerdotes diocesanos que mensajes publicitarios televisivos de un millón de dólares. Uno de mis pasajes preferidos del Vaticano II sobre las vocaciones es este: "Déjenlos (a los sacerdotes) que atraigan el ánimo de los jóvenes hacia el sacerdocio con su vida humilde y energética, felizmente realizada, y con el amor a sus compañeros sacerdotes y en fraternal colaboración con ellos."[29] Nuestra mejor oportunidad para atraer vocaciones a nuestro estilo de vida es ser más "atractivos" tanto individualmente como en grupo. ¿Cómo nos volvemos más "atractivos"? Nos volvemos más atractivos siendo lo que decimos que somos: Compañeros del obispo con una conciencia colectiva de ser enviados, con vidas llenas de energía alegremente perseguidas.

(5) Creo que la primera vez que empecé a pensar en la necesidad de presbiterados intencionales fue poco después de mi ordenación. Mi primera asignación fue trabajar en nuestras "misiones domésticas." Fui enviado lo más lejos posible de los demás sacerdotes de nuestra diócesis. Durante cinco años estuve solo viviendo y trabajando en dos condados. Después de algunos años allí, asistí a un encuentro de sacerdotes y uno de mis compañeros me preguntó después de que yo mismo me presenté: "¿Padre, cual es su diócesis?" Recuerdo que le conteste bastante irritado, "¡La misma diócesis la suya, Padre!"

Hoy, con más del veinticinco por ciento de nuestros sacerdotes extranjeros, algunos sin familia aquí, y muchos otros nuevos católicos provenientes del Rito de Iniciación Cristiana para Adultos (RICA) (*Rite of Christian Initiation of Adults* (RCIA), debemos ser más conscientes que nunca en dar la bienvenida y orientar a los nuevos miembros, no sólo en el sacerdocio, sino en nuestros presbiterados. Esto exige no sólo una orientación individual, sino también grupal. En "los viejos tiempos" llegábamos a los presbiterados en grupos de 10 a 12 luego de haber estudiado juntos en el seminario, generalmente durante doce años. Hoy en día muchos sacerdotes vienen a nosotros de uno en uno después de cinco años o menos de entrenamiento en el seminario. Nuestros sistemas antiguos ya no son adecuados. Ignoramos esta nueva realidad poniéndonos en riesgo y a ellos también. Los seminaristas me han preguntado más de una vez: "¿Estaré solo?" Usualmente miento un poco, pero si dijera la verdad, la respuesta en la mayoría de los casos sería: "Si, a menos que tú mismo resuelvas el problema."

(6) San Pablo escribió estas palabras a Timoteo su compañero misionario: "Aviva el don de Dios que está en ti por la Imposición de mis manos" (2 Timoteo 1:6). Nosotros, sacerdotes y presbiterados, estamos siendo bombardeados a diario con nueva información, debemos revisar continuamente nuestros mapas de la realidad y, algunas veces después de haber acumulado suficiente información, debemos hacer grandes ajustes. Este proceso de hacer ajustes, especialmente grandes ajustes, es doloroso, terriblemente doloroso algunas veces. ¿Qué

pasa cuando nos hemos esforzado mucho y durante largo tiempo para desarrollar un punto de vista funcional del mundo, un mapa que funcione, y después nos enfrentamos a nueva información que sugiere que el mapa debe ser rehecho? Es aterrador, casi abrumador, el doloroso esfuerzo requerido. Lo que usualmente hacemos, con mayor frecuencia, es ignorar la nueva información. Tristemente, cuando lo hacemos, gastamos más energía defendiendo un punto de vista anticuado del mundo que la que hubiéramos empleado en revisarlo y corregirlo.[30]

Siempre hay una parte nuestra que no quiere que nos esforcemos, que se aferra a lo viejo y conocido, que le teme a los cambios y esfuerzos, deseando la comodidad y la ausencia del dolor a cualquier precio, aunque las consecuencias sean la ineficacia y el estancamiento.[31]

Como presbíteros somos llamados para reformarnos a nosotros mismos, incorporando la nueva realidad que nos mira cara a cara. Por nuestro bien, por el bien de la misión que nos ha sido asignada, y por el bien de nuevos miembros, somos llamados como presbíteros a reagrupar, re-comprometernos y "avivar el don de Dios que está en nosotros."

(7) Se corren muchos riesgos al dejar a los presbíteros al azar. Me parece escalofriante observarlo en otros sacerdotes y sentir el impulso de aislarme del caos de los presbiterados de hoy en día. Un sacerdote llamó a este aislamiento "práctica privada." La Iglesia nos hace un llamado para que hagamos el mayor esfuerzo para evitar vivir nuestro sacerdocio en el aislamiento y de manera subjetiva, y que en cambio tratemos de incrementar una comunión fraternal al dar y recibir, de sacerdote a sacerdote, en la calidez de la amistad, de la ayuda afectuosa, de la aceptación y la rectitud fraternal.[32]

Tristemente, la práctica común es ordenar seminaristas y enviarlos luego al pueblo, sin apoyo ni credenciales, a que ejerzan su ministerio a su manera. Estos "soldados aislados" siempre se ponen, tanto ellos como los laicos, en riesgo, producto de sus acciones destructivas y desinformadas. Esto se da mayormente entre los sacerdotes más jóvenes. Como con frecuencia se considera la ordenación el último paso de la formación del sacerdote, su ascendencia al sacerdocio posiblemente se congela en un nivel de adolescente.[33]

Los presbiterados intencionales pueden ser nuestro mejor seguro para mantener las vocaciones que tenemos. Según estudios recientes conducidos por el Rector R. Hoge de la Universidad Católica, entre un diez y quince por ciento de los sacerdotes renuncia en los primeros cinco años de su ministerio debido a la soledad, sentimientos de que no son apreciados, problemas de celibato y desilusión.[34]

(8) Sin los presbiterados intencionales, algunos sacerdotes jóvenes han caído en la trampa y formas del sacerdocio de otros tiempos por su sentido de propósito y seguridad. En cambio de crear la manera de ser una íntima fraternidad sacramental, la que acoja y promueva el ministerio laico, se conforman con ponerse la sotana, y tratan de recrear "viejos tiempos" imaginarios cuando los sacerdotes sabían quiénes eran, los laicos permanecían en sus casas y cada cosa estaba en su lugar. También están equivocados en el propósito todos aquellos que están "haciendo las cosas a su manera," viviendo el sacerdocio de la "práctica privada," ejerciendo su ministerio según su propia definición. Los más patéticos son aquellos que sicológicamente se han retirado y simplemente ejercen el sacerdocio de una manera mecánica.

Aquellos que miran hacia atrás quizás estén buscando hacer lo correcto, pero lo buscan en lugares incorrectos, igual que aquellos que están "haciendo las cosas a su manera." Ambos piden muy poco. Lo que se necesita en el sacerdocio no es restauración, tampoco más desintegración, sino una transformación. Restaurar es como volver al pasado. La desintegración del presente es aterradora, sin embargo algo de esta puede ser bueno si conduce a una nueva vida y no a la muerte. La transformación se refiere al futuro. Es "hacer nuevas las cosas viejas." La restauración es hacer que las cosas cambien. La transformación es hacer que las personas cambien. Solamente "un cambio de corazón del grupo" nos conducirá a una verdadera renovación de nuestros presbíteros.

(9) He oído mucho sobre las predicciones de los pocos sacerdotes que tendremos en 2010 y cómo nos multiplicaremos para atender nuestras parroquias, pero parece que nadie se pregunta "¿En qué condiciones quedarán los sacerdotes que permanezcan cuando llegue el año 2010? Estoy totalmente convencido de que la situación "no mejorará" si no se hace algo. Pero sí mejorará mediante la firme y deliberada voluntad de hacerlo. No creo que sea inevitable que degeneremos en una pequeña banda de viejos que todo lo saben, sino que creo firmemente que los presbiterados intencionales son posibles ¡si actuamos con decisión ahora! Mi sueño como director de vocaciones era colaborar con mis compañeros sacerdotes para "avivar el don" la energía y la alegría que desesperadamente necesitamos tener y proyectar. Es nuestra "obligación" si con ello logramos que más jóvenes se sientan atraídos por nuestro estilo de vida. Si no hacemos esto el uno por el otro, entonces tendremos que cuidarnos solos, un "soldado aislado" a la vez.

(10) Los presbiterados se describen actualmente como "casas divididas." Si la meta es la unión del presbiterado, entonces debemos, conscientemente y con precisión, identificar y enfrentar honestamente las divisiones que impiden y ponen en peligro nuestra unidad. Como dijo Abraham Lincoln "Una casa dividida contra sí misma no podrá permanecer." Hay graves consecuencias que sufrir si estas divisiones se ignoran o se dejan enconar. Una vez identificadas, se pueden abordar. Al abordarlas se prepara el camino para darle un enfoque más constructivo a la formación presbiteral.

- Competitividad. Los sacerdotes, al igual que otros ministros en el contexto de la cultura, se encuentran socializados por un patrón de competitividad y comparación, evidente en la cultura contemporánea. Esta competitividad y comparación fomentan fácilmente la división.

- Diferentes Generaciones en un Presbiterado. Un solo presbiterado puede fácilmente tener al menos cuatro "generaciones formativas" diferentes: (1) anterior al Concilio Vaticano II, (2) anterior y posterior al Concilio

Vaticano II, (3) posterior al Concilio Vaticano II y (4) una nueva generación emergente en formación. Los sacerdotes de estas generaciones deben trabajar hombro a hombro, pero frecuentemente lo hacen con incomodidad y algunas veces con divisiones evidentes.

- Envidia Eclesiástica. La envidia clerical siempre ha estado entre nosotros (cf. Juan 21:20-22). En una infraestructura jerárquica (que es análoga a la empresarial, militar, guberna-mental o política), se puede asumir que el progreso podría ser correlativo: a mayor rango, mayor responsabilidad o mejor paga. Esto no sucede en el sacerdocio. El progreso en el ministerio sacerdotal se mide solamente en ser un mejor signo sacramental y en desempeñar mejor las tareas del ministerio sacerdotal. Cuando falta claridad en el avance o en sus señales, los sacerdotes responden lo que ellos *creen* es la presencia de tales signos en los demás y la falta de éstos en sí mismos. Este es un campo fecundo para fomentar divisiones.

- Falta de Atención del Obispo. Los obispos tienen muchas responsabilidades. Aunque la unidad presbiteral es a fin de cuentas su responsabilidad, la realidad es que esta puede quedar al final de su larga lista de prioridades. Esta negli-gencia favorece divisiones y, en último término, genera un sinnúmero de problemas en la diócesis.

- Diversidad de Antecedentes. En el pasado los sacerdotes seguían un patrón predecible. Ahora los futuros seminaristas llegan al seminario a diferentes edades y con diversas experiencias de vida y de trabajo. Aunque esta diversidad puede ser enriquecedora, también hace más desafiante la unidad y coherencia en el presbiterado y, de hecho, puede provocar divisiones.

- Diversidad de Teología y Espiritualidad. Aunque nuestra fe es una sola, puede adoptar una serie de expresiones teológicas. El estado actual del pluralismo teológico puede fracturar la habilidad de los sacerdotes de hablarse entre ellos con un lenguaje teológico común. De igual manera, las diferencias en espiritualidad (práctica de la fe) pueden obstaculizar el sentido de unidad y llevar a la división.

- Diversidad de Idioma, Cultura y Lugar de Origen. Nunca hemos dejado de ser un país de inmigrantes y este hecho ha tenido, y continúa teniendo, repercusión en la Iglesia. Los sacerdotes se convierten en presbíteros con diferente origen racial, cultural e idiomático. Aunque estas diferencias pueden ser enriquecedoras, con frecuencia crean límites y causan divisiones.

Estas divisiones tienen consecuencias significativas. Reducen la eficacia que debilita la utilización de los recursos humanos necesarios y valiosos para abordar asuntos apremiantes. Cuando estas divisiones son de dominio público, y usualmente lo son, constituyen una mala imagen para la comunidad y desaniman a aquellos que podrían sentir el llamado al sacerdocio. Finalmente, las divisiones pueden hacer que el enfoque de los sacerdotes cambie de una perspectiva diocesana de amplio rango a un énfasis anti católico estrecho, dentro de su propia parroquia, dando como resultado el parroquialismo o congregacionalismo.[35]

(11) Si las mujeres y los hombres casados continúan sin ser aceptados como candidatos al sacerdocio, y la calidad del ministerio laico continúa intensificándose, lo mínimo que podemos hacer los sacerdotes como grupo es organizarnos para servirles bien y trabajar con ellos como compañeros de ministerio. Mi percepción es que los laicos están hartos de la inmadurez, mal servicio, incompetencia e inhabilidad de liderazgo de algunos sacerdotes. Los laicos de hoy esperan, y merecen, párrocos competentes que tengan la habilidad de obtener y coordinar el carisma de los laicos.

Sin un vínculo estrecho a un presbiterado en particular, se deja que los sacerdotes definan su propio ministerio como quieran, poniéndose a sí mismos y a los laicos en riesgo, lo que puede conducir a dos extremos: (a) autoritarismo y (b) abdicación.

El autoritarismo disminuye el desempeño apropiado de aquellos que también son responsables de llevar a cabo parte de la obra de Cristo, conferida a ellos en el bautismo. Los sacerdotes de hoy deben recordar que cuando la autoridad es debidamente ejercida, en vez de mandar sirve. El verdadero poder se deriva de la habilidad de hacer poderosos a los demás. En aquellas áreas donde el sacerdote está obligado a ejercer la autoridad, el ejercerla de manera apropiada es un regalo para la Iglesia.

La abdicación de la responsabilidad es igualmente destructiva para la Iglesia. Muchos sacerdotes han asumido que promover el ministerio laico significa la abdicación de su autoridad pastoral, permitiendo toda clase de locura para llenar el vacío.

"Aquellos con autoridad deben superar la tentación de eximirse a sí mismos de esta responsabilidad. Si ellos no ejercen esta autoridad, no servirán más. El sacerdote, en comunión cercana con el obispo y sus fieles, debe evitar introducir en su ministerio pastoral toda forma de autoritarismo y de administración demócrata, ajenas a la profunda realidad de su ministerio, porque éstas conducen a la secularización del sacerdote y a la clericalización de los laicos. Detrás de estos enfoques del ministerio siempre hay un miedo escondido a asumir responsabilidades o señalar errores, a no ser querido o no ser popular o, en verdad, rechazo a aceptar la cruz."[36]

Los sacerdotes son llamados no solamente a ser los líderes de la comunidad, sino también a ser los maestros de la Palabra y administrar los sacramentos. Muchos sacerdotes han descubierto que pasar los deberes administrativos a terceros no significa que de repente ellos desarrollen destrezas para un liderazgo espiritual extraordinario. Es más fácil cuadrar un presupuesto que inspirar a una congregación que pase de un nuevo nivel de rectitud. Como directores espirituales de la comunidad, los sacerdotes debemos luchar no solamente por ser buenos, sino también por hacer bien lo que hacemos, siendo buenos "directores espirituales de grupo," de la congregación que nos ha sido confiada.

(12) Necesitamos presbiterados intencionales, especialmente ahora, precisamente porque, como grupo, estamos cansados. En el documento de 1988 *Reflexiones sobre la moral de los Sacerdotes*

(*Reflections on the Morale of Priests*), del Comité de la NCCB sobre la Vida y Ministerio Sacerdotales (Committee on Priestly Life and Ministry), se hizo la siguiente observación: "Entre algunos sacerdotes hay un número significativo que se ha conformado con una presencia a tiempo parcial de su sacerdocio. ... Ellos eligen marginarse calladamente.. Muchos más de nuestros sacerdotes creyeron en la renovación, estuvieron dispuestos a adaptarse, trabajaron duramente y ahora simplemente están cansados."[37]

La Exhortación apostólica postsinodal "Pastores Dabo Vobis" llama la atención a los sacerdotes jóvenes sobre los peligros de cansarse. "Con sacerdotes recién egresados del seminario, un cierto sentimiento de "haber tenido suficiente" es bastante entendible cuando se enfrentan con nuevos tiempos para estudiar y reunirse. Pero la idea de que la formación sacerdotal termina el día en que se egresa del seminario es falsa y peligrosa, y debe ser rechazada totalmente."[38]

(13) Finalmente, asumiendo que continuaremos recibiendo nuevos miembros en nuestros presbiterados, necesitamos presbiterados intencionales por el bien de aquellos que nos seguirán. La "generación del milenio," compuesta por adultos jóvenes que empiezan la universidad en el año 2000, ha sido caracterizada por los que están "acostumbrados a la estructura," "confían en la autoridad," tienen "mayor experiencia universitaria" y "gustan de trabajar en equipo para competir y resolver problemas." Ellos aciertan en que la causa predominante del problema en nuestra cultura es el "egoísmo."[39] No será atractivo para esta generación abordar al sacerdocio estilo "soldado aislado." Lo que será atractivo para esta generación de sacerdotes es la "comunión" y el "propósito de sentido común" de los presbiterados.

Una vez oí un cuento sobre San Bernardo y sus monjes. Cuando ellos viajaban a pie por toda Francia se veían tan felices y atrayentes que al pasar por algunos pueblos los padres escondían a sus hijos por temor a que éstos se escaparan y huyeran con ellos. Hoy en día algunos padres esconden a sus hijos por temor a que sean infelices, uniéndose a nosotros.

Capítulo 4
¿A Quién Corresponde la Labor de Formar Presbiterados Intencionales?

"Ahí va mi pueblo. Debo averiguar a dónde va, para poder guiarlo."

Alexandre Ledru-Rollin, Político Francés

Hay un viejo cuento de mi niñez que recuerdo bien: "¿Quién le pone el cascabel al gato?" Es un cuento sobre varios ratones atrapados dentro de una pared. Afuera, en la habitación, hay una gran cantidad de queso, salchichas y comida. Desafortunadamente, la cuida un gato enorme y hambriento. Tras un sinfín de ideas sobre la situación, los ratones llegan a la conclusión de que deberían atarle un cascabel al gato para que así, al escucharlo acercarse, puedan agarrar la comida y escapar. Estaban muy entusiasmados con su plan hasta que uno de ellos pregunto: "¿Y quién le pone el cascabel al gato?" Todos quedaron en silencio. El objetivo del cuento es simple: las buenas ideas sólo tienen validez hasta que alguien las ejecute.

En teoría, el obispo es el responsable de velar por las condiciones espirituales, intelectuales y materiales de sus sacerdotes, para que estos puedan llevar vidas piadosas y santas y realizar su ministerio fielmente y de manera provechosa.[40] Según lo citado anteriormente, en realidad "un obispo tiene muchas responsabilidades y muchos asuntos que reclaman su atención. La unidad presbiteral puede no parecer tan apremiante, como por ejemplo tratar con sacerdotes problemáticos, la distribución y el destino del clero, o la selección de nuevos candidatos. Trabajar por la unidad presbiteral puede quedar al final de una larga lista de prioridades. En efecto, su descuido favorece las divisiones y, en último término, una serie de problemas concurrentes en una diócesis."[41]

Entonces, ¿quién le pone el cascabel al gato? cuando se trata de crear "presbiterados intencionales," Aunque lo ideal sería que el papel del obispo fuera construir presbiterados cohesivos y efectivos, en realidad este liderazgo debe ser compartido dentro del mismo presbiterado. Quienquiera que sea el sacerdote líder, un presbiterado consciente no puede ser llevado a cabo por sacerdotes que no tengan una pasión personal por éste, ni por los que carezcan de habilidad para visualizarlo, ni por los que simplemente deseen que se haga realidad, sino más bien por aquellos sacerdotes que puedan imaginarlo, sacerdotes con un ardiente deseo de que este suceda y sacerdotes que tengan la habilidad de dirigir las tropas para que este se convierta en realidad. El compromiso y la claridad de estos líderes pueden desatar el poder del grupo, y el poder del grupo puede dirigir los logros individuales hacia las metas de la organización. Los líderes miran hacia el futuro y ven la organización no como es, sino como podría ser.

Entre aquellos líderes que ayudan al obispo en su responsabilidad de la unidad y formación presbiteral están el Consejo de Sacerdotes, el Director de Formación Permanente, el Director de Vocaciones, la Comisión de Salud, y aquellos que tratan con los sacerdotes más antiguos (los que, a propósito, tienen la función especial de recordar al presbiterado su historia colectiva y sentido de misión).

Finalmente, ningún presbiterado puede ser guiado a ser consciente a menos que sus miembros estén dispuestos a ser liderados. Si los líderes son dignos de confianza, entonces aquellos que estén dispuestos a formar parte de la coalición acatarán sus voces y seguirán su liderazgo, desatando el poder potencial de su equipo. Según Proverbios (29:18), "Cuando no hay visiones, el pueblo se relaja." Sin visiones, los presbiterados también se relajan.

Capítulo 5
Creación y Ejecución de un Plan

> La crisis consiste precisamente en el hecho de que lo viejo se muere y lo nuevo no puede nacer. En este interregno aparece una gran variedad de síntomas mórbidos.
>
> Antonio Gramsci, Activista Político

Una cosa es diagnosticar un problema y otra es saber cómo resolverlo. Aún si de verdad queremos un presbiterado consciente y aún si tenemos líderes dispuestos a trabajar para lograr ese sueño, todavía debemos pensar en cómo hacerlo. Aquí recuerdo un antiguo cuento que leí hace algunos años.

Cierta comadreja, que llevaba mucho tiempo afligida y con síntomas de neurosis, acostumbraba a tener consultas regulares con su siquiatra, un sabio y viejo búho. A medida que avanzaba la terapia, la comadreja empezaba a ponerse irritada por la larga investigación, el intento de lograr la motivación inconsciente y el tedioso esfuerzo de soltar tensiones emocionales, entonces le exigió al búho: "¡Dime qué debo hacer!"

El búho, desconcertado, tomado por sorpresa por la inesperada naturaleza y vehemencia de la exigencia, dejó a un lado su acostumbrada prudencia y se atrevió a darle un franco consejo: "Creo, mi querida comadreja, que la única solución a tus problemas es convertirte en una rana."

La comadreja se quedo atónita por el consejo y contesto: "Gracias por tu consejo, el cual intentaré seguir. Sin embargo, queda un problema, señor Búho, ¿cómo hago para convertirme en un rana?" a lo que el búho comento, con cierto desdén: "Mi querida comadreja, tenga la gentileza de no molestarme con problemas operacionales."[42]

1. Vida Sacerdotal y Ministerio Colectivo

Si debemos tener presbiterados intencionales, debemos entonces empezar, según mi entender, a partir de cómo estamos organizados ahora. En muchas diócesis, incluyendo la mía, hay varias oficinas encargadas de la vida y ministerio de los sacerdotes, pero oficialmente no se colaboran entre sí. Aunque la mayoría de estas oficinas hacen un trabajo aceptable, no existe un dialogo habitual entre ellas. Creo que si el objetivo es tener un presbiterado unido, se debe empezar por crear alguna clase de "Vida Sacerdotal y Ministerio Colectivo," para que la mano izquierda sepa lo que hace la derecha. Debe haber una colaboración estrecha entre la oficina de vocaciones, la oficina de personal de los sacerdotes, la oficina de educación permanente, la comisión de salud de los sacerdotes, y la oficina de sacerdotes jubilados. Este ministerio colectivo, que debe reunirse habitualmente para colaborarse, podría ayudar a enfocar nuestro sentido común hacia el fortalecimiento individual y grupal.

La primera meta de dicho ministerio colectivo sería mirar lo que hay disponible para apoyar a los sacerdotes (grupal e individualmente), identificar qué hace falta, y ponerlo todo junto en un plan integral y consciente para una salud presbiteral permanente y efectiva.

2. ¿Qué ayuda hay disponible en este momento?

Algunos sacerdotes desaprovechan, o hasta puede que desconozcan, la ayuda disponible para ellos. Algunas diócesis tienen todos o algunos de los siguientes apoyos:

- Los laicos
- El obispo
- Los compañeros sacerdotes
- La familia y los amigos
- La compensación financiera
- La oficina de personal de los clérigos
- La oficina clerical de formación permanente
- La comisión de salud del clero
- El consejo sacerdotal
- El vicario del clero
- La casa de los pensionados
- La asamblea presbiteral
- Los grupos de apoyo

- Los retiros anuales, días de oración y grupos de oración
- Los sabáticos
- Los directores espirituale
- Las viviendas alternativas
- Las vacaciones
- La Misa Navideña
- El Día de los Sacerdotes
- La celebración del jubileo de los sacerdotes
- Las celebraciones de ordenación

3. Cuidado del Grupo Presbiteral: Rol de la Asamblea Presbiteral

La "Vida Sacerdotal y el Ministerio Colectivo" pudiera ser el núcleo de un equipo creado para reorientar la atención hacia la salud y eficacia permanentes no solamente de los miembros de un presbiterado, de forma individual, sino también del presbiterado como grupo. La salud y la eficacia permanentes de cada organización depende de dos factores: "atención a las operaciones" (procurar que el trabajo quede bien hecho) y "cuidado del grupo" (cuidar bien a los que hacen el trabajo). La "atención a las operaciones" tiende a la *efectividad* de aquellos que ejercen el ministerio. El "cuidado del grupo" tiende a la *salud y coherencia* de aquellos que ejercen el ministerio. Las oficinas de educación permanente se encargan principalmente de la *efectividad* del ministerio. Los grupos tales como la comisión de salud se encargan de los sacerdotes, de forma individual, que ejercen el ministerio. Creo que la Asamblea Anual Presbiteral es el evento más importante para tratar sobre la salud y coherencia del grupo, y el que podría enfocarse con mayor efectividad en formar presbiterados intencionales. Por esta razón, el planeamiento de esta asamblea anual debe ser la preocupación primordial de "la Vida Sacerdotal y el Ministerio Colectivo," ya que ellos perciben, unidos, todo lo que está ocurriendo en nuestros presbiterados.

La integración de nuevos miembros dentro del presbiterado es una parte importante del "cuidado del grupo," la que requiere la inclusión de seminaristas en tantas funciones presbiterales como sea posible (y programarlas para que ellos puedan ejercerlas). Los seminaristas deben saber no solamente cómo ser buenos seminaristas, sino también cómo ser buenos sacerdotes. No comparto el punto de vista de algunos que piensan que el reclutamiento y entrenamiento de los seminaristas debe ser independiente de los problemas que enfrentan los presbiterados. Durante mi tiempo como director vocacional, luché contra la mentalidad de "no incluir a los niños-que no se den cuenta los niños." Algunos creen que como los seminaristas todavía no son sacerdotes deben, por tanto, ser tratados de una forma totalmente diferente antes de su ordenación. No comparto este punto de vista, como tampoco comparto el punto de vista de que un feto no es un bebé hasta que no haya nacido, o que el cuidado prenatal no tiene nada que ver con la salud futura del bebé. Aun los lobos esperan juntos en la guarida el nacimiento de un cachorro y, una vez ha nacido, la manada completa asume la responsabilidad y participa en su entrenamiento para trabajar en equipo y ser miembros contribuyentes de su manada.

Juan Pablo II dijo en la exhortación postsinodal "Pastores Dabo Vobis," que el obispo puede confiar principalmente en la cooperación de su presbiterado (en la promoción de vocaciones). "Todos los sacerdotes están unidos al obispo y comparten la responsabilidad de buscar y fomentar las vocaciones."[43]

Más del veinticinco por ciento de los nuevos sacerdotes son "extranjeros," y muchos otros son "conversos." Como grupo, su entrenamiento en el seminario ha sido reducido drásticamente comparado con el que se les daba a los sacerdotes anteriormente. Aunque estos "foráneos" tienen la oportunidad de trabajar con 3 ó 4 párrocos durante las tareas del verano, no llegan a conocer a la mayoría de los miembros del presbiterado, sino hasta después de su ordenación. Se corre un gran riesgo al continuar con esta práctica de presentar nuevos sacerdotes a sus presbiterados una vez que se ordenen y ponerles la carga de que busquen su propia manera de integrarse al grupo. Paul de Becker, en un artículo reciente en *La Tabla* (*The Tablet*) titulado *Un Sacerdote Solitario* (*A Priest Alone*), dice de los sacerdotes recién ordenados que luchan en su ministerio: "Una causa principal de su infelicidad y un elemento que pesa en sus vidas es la intensa soledad."[44]

Es descabellado pedir a un nuevo sacerdote que no se convierta en un "soldado aislado" sin ofrecerle alternativas. El Obispo Gerald Kicanas, antiguo rector de un seminario, dijo antes de hacerse obispo: "Un joven respondería más libremente a la llamada al sacerdocio si no fuera tan fuerte su miedo a la intensa soledad."[45]

El hecho de incluir e involucrar desde el comienzo a los seminaristas en las asambleas presbiterales les da la oportunidad de conocer más sacerdotes antes de ordenarse. Dicha participación les da la oportunidad a muchos más sacerdotes de apoyar a los que están entrenándose y decirles cuánto valoramos su sacrificio, aun si su parroquia no tiene seminaristas o no ha tenido la oportunidad de recibir a alguno para una práctica de verano. Los futuros sacerdotes necesitan vernos y oírnos, y nosotros también necesitamos verlos y oírlos. Todas las investigaciones recientes indican que el contacto con los sacerdotes es la mejor manera de promover y mantener las vocaciones sacerdotales. Si esto no se hace, cualquier otro esfuerzo será en vano.

Se ha hablado mucho de volver "obligatoria" la asistencia a las asambleas presbiterales. A pesar de que yo creo que el obispo tiene derecho a exigir la participación por el bien del grupo, creo que la mejor manera es que quienes las planean las hagan tan atractivas que la mayoría desee asistir. La coerción no sirve de nada. A la Asamblea deberían asistir hombres "dispuestos," no "obligados."

4. A Programa "Párrocos en Formación"

Además de "la tarea de integrar al seminarista al presbiterato por todo el presbiterato" tan pronto sea aceptado por la diócesis (ver Capítulo 3), existe una necesidad real de mentores individuales que guíen a los recién ordenados, incluso hasta su primera asignación como párrocos.

Problema: En años recientes, al recién ordenado y a los nuevos párrocos se les ha asignado un sacerdote mentor, por lo general un párroco modelo. Los resultados han sido variados.

Uno de los principales problemas reportados es que no hay reuniones habituales. Puede que un excelente párroco no tenga tiempo para esta tarea, o que un párroco modelo no sepa enseñar lo que sabe.

Posible Solución: Escoger un grupo pequeño de nuestros mejores párrocos retirados, quizás tres, que estén dispuestos a formar un "grupo de mentores" de los nuevos párrocos. Dar a este grupo un entrenamiento inicial y nombrar a uno de ellos como su líder.

Problema: Los recién ordenados son nombrados párrocos un año o dos después de su ordenación. El seminario no prepara ni puede prepararlos para ser párrocos. Los sacerdotes asociados reportan que no se sienten ni una cosa ni la otra. No tienen un puesto real en muchas estructuras parroquiales. No es suficiente una orientación de una semana o de un fin de semana para ser párroco.

Solución: Una vez ordenado el nuevo sacerdote se le puede llamar "párroco en formación," mientras que esté sirviendo como "sacerdote asociado" en una parroquia en particular. Como ninguna diócesis pequeña tendrá suficientes "párrocos nuevos," los directores de educación permanente de diócesis vecinas podrían diseñar un nuevo programa inter-diocesano: "Párrocos en Formación." Como es "inter-diocesano," se pueden formar varios tipos de grupos alrededor de las diferentes parroquias a las que serán enviados: parroquias urbanas, rurales, étnicas, grupos de parroquias, misiones domésticas o parroquias vinculadas. De ser necesario, se puede seleccionar y entrenar a un líder capaz. Contando con todos los recursos disponibles, este líder y este grupo de futuros párrocos podrían llevar a cabo reuniones trimestrales en el "Centro Regional para el Cuidado de la Excelencia Pastoral" (Regional Center for Sustaining Pastoral Excellence) (ver Capítulo 5). El grupo tratará de encontrar soluciones a las situaciones y problemas que surjan. Se les pedirá a los párrocos excepcionales, a los líderes de los ministerios laicos y a otros profesionales que sean los presentadores de este programa. Quienquiera que desee ser pastor deberá cumplir los requisitos básicos de este programa. Se presentará al obispo y al comité una evaluación de su participación y aprendizaje para que sea tenida en cuenta al asignarlo como párroco.

Problema: Muchas veces los problemas que le surgen al nuevo párroco no son solucionados cuando se presentan, sino que se dejan empeorar. Normalmente, hay que preguntarle al sacerdote cómo van las cosas. No se puede esperar que un nuevo párroco se de cuenta él mismo de sus problemas.

Solución: Una vez nombrado el nuevo párroco y antes de que éste empiece a ejercer como tal, el grupo mentor debe reunirse con el nuevo párroco, su personal y el consejo parroquial seis meses después de comenzado el proceso, y seis meses después de su nombramiento, hasta que se establezca que ya no es necesario reunirse. Deben hacerse informes regulares al obispo hasta que ya no se le considere "nuevo párroco."

5. Centros Regionales para el Cuidado de la Excelencia Pastoral

¡El seminario no es suficiente! Lo aprendí tan pronto me ordené. Al igual que mis compañeros de clase, fui entrenado para ser el párroco asociado tanto de una parroquia grande de los suburbios como de una pequeña de la ciudad. Se suponía que yo aprendería a ser párroco durante mi trabajo en un periodo de 10 a 12 años. Sin embargo, fui enviado a las "misiones domesticas." Fue extraño, pero en 1975 terminé siendo párroco después de 5 años. No estaba preparado para empezar en una nueva parroquia, o vivir solo, o entender la dinámica de los pueblos donde el fundamentalismo protestante está arraigado (the "bible belt"). Aprendí sobre la marcha. Tuve que aprender por mí mismo aislado de la mayoría de los demás sacerdotes. Tampoco estaba preparado para manejar la parroquia rural, ni la vieja catedral que necesitaba revitalización, tareas que siguieron a mi primera asignación como párroco. Me quedé solo solucionando los problemas por mi cuenta.

En 2003 todavía estábamos ordenando buenos seminaristas y enviándolos a situaciones de su ministerio que no estaban preparados para manejar; con sistemas de apoyo superficiales y desorganizados, y desconectados de los programas de educación permanente. Nos sorprendemos cuando estos párrocos jóvenes colapsan y se queman, y en muchos casos culpamos a la víctima o al seminario que los entrenó. Esto es más exasperante debido al hecho de que a los sacerdotes jóvenes se les está dando parroquias grandes un año o dos después de su ordenación, y muchos de estos sacerdotes jóvenes son extranjeros o recién "convertidos."

La mayoría de seminarios de los Estados Unidos hacen un trabajo heroico, pero no hay manera de que puedan realizar todo lo que hace falta mientras que estos jóvenes están en el seminario. Lo que los seminarios pueden ofrecer, de una manera realística, bajo su configuración actual, es una base teológica sólida y una prueba del ministerio pastoral. No pueden hacer todo lo que se necesita para preparar verdaderos líderes pastorales antes de su ordenación.

Creo que lo que necesitamos son "Centros Regionales para el Cuidado de la Excelencia Pastoral" designados para apoyar a los sacerdotes en su ministerio. Estos centros regionales deben ser tan serios en su enfoque como nuestros seminarios en la preparación de sacerdotes para entrar en el ministerio. A partir del Vaticano II hemos apostado por el modelo estilo convencióntaller de trabajo para la educación permanente. Ese modelo es cada vez más inadecuado. Lo que necesitamos es algo organizado, consciente, estructurado, para toda la vida y, en algunos casos, obligatorio. Este tipo de programa debe ser enfocado no tanto en lo académico, sino en ayudar a los sacerdotes a hacer bien su trabajo, manteniéndolos saludables, comprometidos y preparados para satisfacer los nuevos retos que enfrentarán, bien sea que estén en su primera parroquia, en una parroquia rural, misionera, céntrica, o multicultural, o en situaciones propias de su ministerio.

Este enfoque, serio y bien pensado de la práctica de las necesidades del ministerio, necesita en la mayoría de los casos cruzar las líneas diocesanas. Muy pocas diócesis tienen los recursos y el personal capacitado para enseñar estas destrezas. Una verdadera colaboración entre los directores de formación permanente de diócesis vecinas podría llevar a los fundamentos de dichas iniciativas. En cuanto al financiamiento, la mayoría de los sacerdotes no usan los fondos que tienen disponibles para la educación permanente.

Con algunas reformas y expansión, las sedes de los seminarios existentes serían ideales, puesto que ya tienen bibliotecas teológicas, librerías, directores espirituales, confesores, capillas, liturgias, viviendas, redes establecidas de comunicación, gimnasios, y una atmósfera apropiada para los retiros. Estos "Centros Regionales para el Cuidado de la Excelencia Pastoral," que compartirían el mismo campus con los seminaristas, podrían completar la misión del seminario de proveer sacerdotes diocesanos bien entrenados para sus diócesis clientes. El tener estos centros en el campus del seminario, pero separados del seminario, podría enriquecer el nivel teológico de los sacerdotes y al mismo tiempo proveer un laboratorio in situ para que los seminaristas observen a los verdaderos párrocos dialogando y resolviendo problemas. Súmele a la formación permanente el curso de diáconos y ministros seglares y el panorama queda aún más completo.

Como director de vocaciones, no solamente me interesé en atraer más vocaciones al sacerdocio, sino en mantener felices, saludables y efectivas las vocaciones que teníamos. En aquel trabajo traté de entrenar a los seminaristas para que "escucharan su llamada" después de su ordenación. Pero lo hice yo solamente. Todos los sacerdotes deben compartir este deber. Necesitamos hacernos ese reto unos a otros y también proveernos de las estructuras para hacerlo.

Capítulo 6
Modelo de Asamblea Presbiteral

"Quienes se fueron se han ajustado mejor que los que se quedaron."
Vicepresidente de Exxon describiendo el período posterior a la reducción de la compañía

AVIVA EL DON DE DIOS

ASAMBLEA PRESBITERAL SOBRE LA FORMACIÓN DE "UN PRESBITERADO CONSCIENTE"

"Aviva el don de Dios que está en ti por la Imposición de mis manos"
2 Timoteo 1:6

METAS:

A. LLEGAR A UN CONSENSO, CONSTRUIDO SOBRE EL ANTERIOR, SOBRE UNA NUEVA VISIÓN PARA NUESTRO PRESBITERADO

B. INVITAR AL GRUPO A COMPROMETERSE CON AQUELLA NUEVA VISIÓN, Y

C. BUSCAR MANERAS DE MANTENER AQUELLA NUEVA VISIÓN ANTE NOSOTROS Y PASARLA A LOS NUEVOS MIEMBROS

MOMENTO DE ANÁLISIS

I. LA VISIÓN

Sermón basado en 2 Timoteo 1:6-14 "Aviva el Don de Dios y Reenciende el Fuego."

Carisma del Sacerdote Diocesano: ¿Cuál es nuestro propósito común y qué nos distingue?

Si los presbiterados no son comunidades religiosas, entonces ¿qué son? ¿Qué dice la Iglesia acerca de los presbiterados? (Revisión general de los documentos).

El relator hará un resumen de los documentos de la Iglesia que tratan sobre "el presbiterado." El documento resultante hará parte del manual de orientación tanto de los miembros nuevos y actuales del presbiterado.

Nuestro Presbiterado: Visión Histórica

El relator hará una pequeña reseña histórica sobre el presbiterado local, analizará las fuerzas que han jugado un papel importante en su desarrollo, incluyendo la absorción de inmigrantes, escándalos previos y necesidades. Ésta, también, será parte del manual de orientación de los miembros del presbiterado.

Nuestro Presbiterado: Experiencias y Sueños

A. Nuestro pasado. ¿Qué se perdió, qué se encontró? Reflexiones de un sacerdote mayor sobre el presbiterado que él conoció. Se espera que éste entreviste a otros sacerdotes mayores como parte de esta reflexión.

B. Nuestro futuro: Esperanzas y Miedos. Aquí el relator hará un resumen de los miedos y esperanzas de los miembros jóvenes del presbiterado local. Otra vez se espera que el relator haga un resumen de sus conversaciones con otros sacerdotes recién ordenados y seminaristas de más edad.

MOMENTO DE SÍNTESIS

II. REDACCIÓN DE UNA NUEVA VISIÓN

¿Cuáles son nuestras responsabilidades individuales con el presbiterado?

¿Cuáles son las responsabilidades del presbiterado con nosotros como individuos?

¿Qué ayuda hay disponible para nosotros como miembros del presbiterado? ¿Qué ayuda se necesita? Repaso y nuevas metas.

El grupo "Vida Sacerdotal y Ministerio Colectivo" hará una declaración sobre la nueva misión para la asamblea presbiteral.

Revisión de las celebraciones presbiterales anuales. ¿Qué funciona y qué no? ¿Qué funciona mejor?

MOMENTO DE ANÁLISIS

III. SUPERACIÓN DE OBSTÁCULOS

Eclesiologías Contradictorias. Pasando de un Punto de Vista personal hacia una visión.

Grandes Esperanzas:

A. Lo que esperan los laicos de sus sacerdotes. Panel de ministros laicos.

B. Lo que espera el obispo de sus sacerdotes.

C. Lo que esperan los sacerdotes de los laicos y su obispo.

¿Cómo haremos para que participen más miembros? Informe del grupo de trabajo sobre las razones de la falta de asistencia de algunos sacerdotes.

¿Cómo se siente un extraño al ingresar en nuestro presbiterado?

A. Aporte de un sacerdote recién incardinado.

B. Aporte de seminaristas y sacerdotes extranjeros.

MOMENTO DE CELEBRACIÓN

IV. COMPROMISO CON LA VISIÓN

Conferencia del Obispo.

Cierre eucarístico y ritual de recompromiso.

Banquete en honor a quienes cumplen aniversarios.

MOMENTO DE SEGUIMIENTO

V. MANTENIMIENTO DE LA VISIÓN FRENTE A NOSOTROS

El comité de redacción resumirá las actas de una manera práctica y las distribuirá.

El grupo "Vida Sacerdotal y Ministerio Colectivo" planificará una modalidad para no perder de vista la visión, construir con base en ella, y planificar celebraciones y asambleas de seguimiento.

VI. COMPARTIR LA VISIÓN

Colaborar con la oficina de comunicaciones de la diócesis para compartir esta visión con las personas de la diócesis.

Capítulo 7
Roles y Promesas de Celibato y Obediencia de los Presbiterados Intencionales

"El mundo no quiere saber de los dolores de parto, sólo quiere conocer al bebé."

Johnny Sain

Los sacerdotes diocesanos no hacen votos, pero hacen dos promesas muy importantes al obispo: celibato y obediencia. Estas, en lugar de ser negativas, hacen posible su completa disponibilidad al servicio apostólico.

1. El Celibato

El celibato proviene del latín (caelebs) que significa "soltero." El celibato es la práctica religiosa mediante la cual se dedica el tiempo, el amor, la energía y la atención, que se daría a la esposa y a la familia, a servir al pueblo de Dios. El celibato hace posible la disponibilidad total al servicio apostólico. El compromiso del celibato ha sido la interpretación más completa y radical de la llamada de Jesús de renunciar a todo por el Reino.

Durante muchos siglos la Iglesia Católica Romana ha exigido a todos sus ministros ordenados, a excepción de los diáconos permanentes, a vivir una vida de celibato. Esta larga tradición, reafirmada en el Concilio Vaticano II, y posteriormente por los Papas Pablo VI y Juan Pablo II, es el resultado de muchos siglos de reflexión sobre el estilo de vida adecuado que deben llevar los ministros ordenados.

El celibato es un estilo de vida heroico para personas saludables y bien equilibradas. El celibato puede ser realmente muy peligroso para las personas enviciadas y sexualmente reprimidas. Como hemos experimentado recientemente con mucho dolor, el daño que los sacerdotes enfermos pueden hacer a la Iglesia es inconmensurable. Se necesita que la persona sea altamente evolucionada espiritualmente para que consciente y libremente acepte el celibato y lo cumpla. Muchos lo aceptan y batallan con él durante toda la vida, algunas veces cargándolo como su cruz y viviéndolo día a día mientras confían en la ayuda de Dios.

Se ha escrito mucho y exageradamente sobre el celibato, El propósito que tiene en la Iglesia de hoy es liberarnos para un bien mayor, para el total servicio al pueblo de Dios.

2. La Obediencia

La obediencia, como el celibato, nos libera para que tengamos una disponibilidad total para realizar nuestro servicio apostólico. Por el bien de la Iglesia y su servicio al pueblo de Dios, los sacerdotes diocesanos hacen la promesa de obediencia al obispo y a sus sucesores. Esta promesa tiene implicaciones más allá de la persona del obispo, porque incluye una promesa a los compañeros del presbiterado. En vez de hacerse esclavo de una persona en particular, realmente es una promesa de "trabajo de grupo" con el obispo y demás miembros del presbiterado. Como dijo un sacerdote, es una promesa que convierte la atención de "mi corazón" a "nuestro corazón."

El presbiterado intencional puede darse solamente cuando el sacerdote no solamente hace esta promesa de obediencia, de forma individual, sino que la cumple. Realmente es una promesa de trabajar en equipo por el bien de las personas a las que servimos. La promesa de obediencia puede ayudar, incluso más que la del celibato, a hacer posibles los "presbiterados intencionales," porque en el fondo, en sus raíces, es una promesa de trabajar en equipo por el bien de una meta común como sacerdotes diocesanos.

Capítulo 8
Presbiterados Adecuados: Responsabilidad de la Diócesis

"Escucha, Moisés, tienes demasiadas personas a tu cargo. ¡Nunca llegaremos a la Tierra Prometida si no delegas responsabilidades!"

Jetró a Moisés (parafraseado)

La tarea de fomentar las vocaciones de los sacerdotes diocesanos es responsabilidad de toda la comunidad cristiana.

- Toda la comunidad cristiana lo hace viviendo de una forma totalmente cristiana.

- Las familias lo hacen viviendo con el espíritu de la fe y del amor, y sugiriendo a sus hijos que consideren al sacerdocio diocesano como una posible vocación.

- Las parroquias lo hacen siendo comunidades que toman parte de la vitalidad palpitante de los jóvenes.

- Los profesores, y aquellos que, en cualquier empleo, den entrenamiento a los jóvenes, lo hacen ayudándolos a poder reconocer y responder al llamado divino.

- Cada sacerdote lo hace manifestando el fervor del apóstol fomentando las vocaciones, atrayendo los corazones de los jóvenes al sacerdocio, mediante el ejemplo de una vida humilde, gozosamente adoptada, y por el amor y colaboración fraternal a sus compañeros sacerdotes.

- El obispo lo hace supervisando que todos los recursos y actividades de las vocaciones estén cuidadosamente coordinados, y ayudando a quienes él considere que sean llamados al servicio del Señor.

Esta asociación tan activa debe fomentar las vocaciones al sacerdocio diocesano con discreción y fervor, sin despreciar la ayuda adecuada que la sicología y sociología modernas puedan ofrecer.[46]

Aun si todos los directores de vocaciones fueran enérgicos, entusiastas y talentosos no podrían, ni deberían, tener que obrar solos en el ministerio de las vocaciones. En los tiempos en que las vocaciones florecieron había pocas oficinas de vocaciones y aún menos personal de vocaciones. El estímulo a las vocaciones sacerdotales era una parte normal de la vida de la Iglesia. Hoy en día existe una necesidad de involucrar, una vez más, cada dimensión de la vida de la Iglesia para estimularlas y apoyarlas.

La Iglesia necesita sacerdotes que promuevan su trabajo. Como escribió San Ignacio de Antioquía "Sin el obispo, los presbíteros y los diáconos, la Iglesia no existiría." Esa convicción debe mover por sí sola a toda la Iglesia a la acción. "Todo lo que pidan en la oración, con tal de que crean, lo recibirán." (Mateo 21:22). La "crisis de las vocaciones" de la Iglesia posiblemente esté en su raíz; es una "crisis de fe." "El problema primordial de hoy en día de la fe es que los creyentes no creen."[47]

Capítulo 9
Conclusión

> Si pidiera algún deseo, no pediría ni riqueza ni poder, sino el sentido intenso de lo que tiene que ser para los ojos, que siempre jóvenes y ardientes ven lo posible.
>
> Soren Kierkegaard

La frase "conversación que desanima" (downward spiraling talk) significa una manera de hablar resignada que excluye toda posibilidad. Todas las industrias y profesiones tienen su propia versión de este vocabulario, así como también todas las relaciones. Concentrándose en lo abstracto de la rareza, este vocabulario crea una irrebatible historia sobre los límites de lo posible y nos cuenta de una manera convincente cómo las cosas van de mal en peor. Entre más atención se le da a un asunto en particular, mayor evidencia resultará-resultará de ello. La atención es como la luz, el aire, el agua. Presta atención a los obstáculos y problemas, y estos se multiplicaran profusamente.[48]

Por otra parte, la frase "conversación que estimula" (upward spiraling talk) puede crear una realidad diferente. Presta atención a las oportunidades y posibilidades y estas también se multiplicarán profusamente.

Con frecuencia la persona del grupo que expresa lo posible es rechazada como "profeta en su tierra" o despedida como soñadora por la gente que se siente orgullosa de su supuesto realismo. Sin embargo, lo importante es que podemos hacerlo si creemos que podemos. "Están en lo cierto los que creen que pueden y los que creen que no pueden." (Henry Ford).

La idea de los presbiterados intencionales, el sentido colectivo de identidad y misión sacerdotales, a pesar de no estar desarrollada por completo en los documentos oficiales de la Iglesia, claramente surge como una dirección importante para el futuro. Todavía es una meta, un sueño.

Convertir un sueño en realidad exige mucho coraje. La duda y la pereza son enemigos constantes. Cuando la duda y la pereza reinan existe una fuerte tentación a no realizar parte del sueño como una manera de resolver tensiones inevitables. El éxito depende de la habilidad de mantener el entusiasmo enfocado y decidido hasta el final.

"Porque la visión tardará en cumplirse, pero camina hacia su fin y no fallará; aunque parezca tardar, espérala, pues se cumplirá en su momento."
HABACUC 2:3

"Yo hago nuevas todas las cosas."
APOCALÍPSIS 21:5

"Pongo hoy por testigo contra vosotros al cielo y a la tierra: Ante ti están la vida y la muerte, la bendición y la maldición. Elige la vida, para que vivas tú y tu descendencia, amando al Señor tu Dios, escuchado su voz, viviendo unido a él; pues en eso está tu vida, así como la prolongación de tus días mientras habites en la tierra que el Señor juró dar a tus padres Abraham, Isaac y Jacob."
DEUTORONOMIO 30:19:20

"Cuídense ustedes mismos y a todo el rebaño, pues el Espíritu Santo los ha constituido pastores vigilantes de la iglesia de Dios, que él adquirió con la sangre de su propio Hijo."
HECHOS 20:28

"No hagas estéril el don que posees y que te fue conferido gracias a una intervención profética por la imposición de los presbíteros. Medita estas cosas, entrégate completamente a ellas para que todos puedan ver tu progreso. Preocúpate por ti y por la doctrina; persevera en estas cosas, pues si haces esto, te salvarás a ti y a los que te escuchen."
1 TIMOTEO 4:14-16

"Nuestro más profundo temor no es que seamos inadecuados. Nuestro miedo más profundo es que somos poderosos sin medida. Es nuestra luz, no nuestra oscuridad, lo que nos asusta. Y, cuando permitimos que nuestra luz brille, conscientemente damos permiso a otros para hacer lo mismo."

MARRIANE WILLIAMSON

Citas Bibliográficas

1. Código de Derecho Canónico, Sociedad de América de Derecho Canónico. (1983). Washington, D.C., , Canon 245, n° 2.

2. ABBOT, Walter M., General Editor, y Joseph Gallagher, Editor de Traducción. (1966). Decreto sobre el Ministerio y la Vida de los Presbíteros, Documentos del Concilio Vaticano II, Nueva York, NY, Capítulo II, n° 2.

3. The Basic Plan for the Ongoing Formation of Pri ests (Plan Básico para la formación permanente de Sacerdotes), Conferencia Católica de los Estados Unidos, (2001). Washington, D.C., p. 93.

4. ABBOT, Op. Cit., Capítulo II, n° 8, y Catecismo de la Iglesia Católica. (1994). Liguori Publications, Liguori, Minnesota, traducción, n° 1568.

5. Cf. Bibliografía.

6. McQUAID, Rev. Tom, en folleto promocional para el Seminario Mundelein, Mundelein. Illinois, Estados Unidos

7. COZZENS, Donald B. (1997) "The Spirituality of the Diocesan Priest." La Prensa Litúrgica, Collegeville, Minnesota, p. 15 (Robert Schwartz).

8. Decreto sobre el Ministerio y la Vida de los Presbíteros, Op. Cit, Capítulo II, n° 8.

9. Decreto sobre el Ministerio Pastoral de los Obispos en la Iglesia, Documentos del Concilio Vaticano II, Capítulo III, n° 34

10. Decreto sobre el Ministerio y la Vida de los Presbíteros, Op. Cit, Capítulo II, n° 8.

11. Ibíd., pié de páginas n° 104, 105.

12. "As One Who Serves." (1977). Conferencia Católica de los Estados Unidos, Washington, D.C., p. 24.

13. Constitución Dogmática de la Iglesia, Documentos del Vaticano II, Capítulo III, No. 28, y Decreto, Capítulo II, n° 7, 8.

14. The Basic Plan for the Ongoing Formation of Priests (Plan Básico para la formación permanente de Sacerdotes), Op. Cit, p. 93.

15. Ibíd., p. 93.

16. Decreto sobre el Ministerio y Vida de los Sacerdotes, Op. Cit, Capítulo II, n° 8.

17. The Basic Plan for the Ongoing Formation of Pri ests (Plan Básico para la formación permanente de Sacerdotes), Op. Cit, p. 94.

18. Ibíd., p. 95.

19. Ibíd., p. 95.

20. Decreto sobre el Ministerio y Vida de los Sacerdotes, Op. Cit, Capítulo II, n° 7 y 11 y Capítulo III, nos. 17 y 21.

21. The Basic Plan for the Ongoing Formation of Pri ests (Plan Básico para la formación permanente de Sacerdotes), Op. Cit, p. 98.

22. COZZENS, Donald B. (2000). "The Changing Face of the Priesthood," The Liturgical Press, Collegeville, Minnesota, pp. 47-48.

23. "The Bridge Magazine" . (Invierno 2002-2003). Entrevista con el Obispo Wilton Gregory, Universidad de Saint Mary of the Lake, Seminario Mundelein, Mundelein, Illinois, Winter, p. 3.

24. ASCHENBRENNER, George A. (2002) "Quickening the Fire in Our Midst." Loyola Press, Chicago, Illinois, p. 133.

25. The Basic Plan for the Ongoing Formation of Pri ests (Plan Básico para la formación permanente de Sacerdotes), Op. Cit, p. 93.

26. LEVOY, Gregg. (1997) "The Changing Face of the Priesthood." Rivers Press, Nueva York, NY, p. 316.

27. "Directory for the Life and Ministry of Priests." (1994). Librería Editrice Vaticana, Citta del Vaticano, n° 25.

28. KIKANAS, Gerald F. (2002). "The Heart and Core of Diocesan Priesthood." Vocation Journal en la Conferencia Nacional de Directores Diocesanos de Vocaciones, Little River, Carolina del Sur, Vol. 4, p. 49.

29. Decreto sobre el Ministerio y la Vida de los Presbíteros," Op. Cit, Capítulo II, n° 2.

30. PECK, M. Scott. (1998) "The Road Less Traveled." Simon & Schuster, Inc., Nueva York, NY, pp. 45-46.

31. Ibíd., p. 276-277.

32. Directorio para el Ministerio y la Vida de los Presbíteros, n° 27.

33. DRUMMOND, Thomas B. (2003). "Sexual Misbehavior and the Infused Competency Myth." The New Life Institute for Human Development Newsletter, The New Life Institute, Middleburg, Virginia, Vol. 11, n° 1.

34. HOGE, Dean R. (2002) "The First Years of the Priesthood." The Liturgical Press, Collengeville, Minnesota, p. 101.

35. The Basic Plan for the Ongoing Formation of Pri ests (Plan Básico para la formación permanente de Sacerdotes), Op. Cit, p. 95-98.

36. "The Priest and the Third Christian Millennium." (1999). En la United States Catholic Conference, Washington, D.C., capítulo 4, n° 3.

37. Origins. (Enero 12, 1989). En la United States Catholic Conference. Washington, D.C., Vol. 18, n° 31.

38. Papa Juan Pablo Paul II. (1992). "I Will Give You Shepherds." St. Paul Books & Media, Boston, Massachusetts, n° 76.

39. HOWE, Neil y STRAUSS, William. (2000). "Millennials Rising: The Next Great Generation." Vintage Books, New York, NY, pp. 3-29.

40. Decreto sobre el Ministerio Pastoral de los Obispos en la Iglesia. Op. Cit., Capítulo II, n° 16.

41. *The Basic Plan for the Ongoing Formation of Priests* (Plan Básico para la formación permanente de Sacerdotes), Op. Cit, p. 97.

42. QUINN, Bernard, Ed. (1968). "*Ecumenical Planning for Mission*" en *Town and Country*, CARA, Washington, D.C., p. 74.

43. Papa Juan Pablo Paul II, Op. Cit., n° 79.

44. DE BECKER, Paul. (Abril 27, 1996). "*A Priest Alone.*" *The Tablet*, Londres, Gran Bretaña, p. 540.

45. KICANAS, Gerald F. (Julio 11, 2003). "*Three Goals for Vocations Directors: Priestshood*" en la Conferencia Católica de los Estados Unidos para Obispos Católicos, p. 7.

46. Decreto sobre la Formación Sacerdotal. Documentos del Vaticano II, Capítulo II, n° 2.

47. ROLHEISER, Rornald. (2001). "The Shattered lantern: Rediscovering a Felt Presence of God." The Crossroad Publishing company, Nueva York, NY, p. 17.

48. ZANDER, Rosemund Stone y ZANDER, Benjamin. (2000). "The Art of Possibility." Harvard Business School Press, Boston, Massachusetts, p. 108.

Bibliografía

As One Who Serves, Conferencia Católica de los Estados Unidos, Washington, DC, 1977.

Aschenbrenner, George A., *Quickening the Fire in Our Midst*, Loyola Press, Chicago, Illinois, 2002.

The Bridge Magazine, Entrevista con el Obispo Wilton Gregory, Universidad de Saint Mary of the Lake, Seminario Mundelein, Mundelein, Illinois, Invierno 2002-2003.

Abbott, Walter M., General Editor, y Joseph Gallagher, Editor de Traducción, Documentos del Concilio Vaticano II, Guild Press, Nueva York, 1966.

Basic Plan for the Ongoing Formation of Priests, Conferencia Católica de los Estados Unidos, Washington, DC, 2001.

Catecismo de la Iglesia Católica, Liguori Publications, Liguori, Misuri, 1994 Traducción.

Código de Derecho Canónigo, Canon 245, No. 2, Canon Law Society of America, Washington, DC, 1983.

Cozzens, Donald B., *The Changing Face of the Priesthood*, The Liturgical Press, Collegeville, Minnesota, 2000.

Cozzens, Donald B., Ed., *The Spirituality of the Diocesan Priest*, The Liturgical Press, Collegeville, Minnesota, 1997.

de Becker, Paul, *A Priest Alone* en *The Tablet*, Londres, Gran Bretaña, Abril 27, 1996. Directory for the Life and Ministry of Priests, Libreria Editrice Vaticana, Citta del Vaticano, 1994.

Drummond, Thomas B., *Sexual Misbehavior and the Infused Competency Myth* en *The New Life Institute for Human Development Newsletter*, The New Life Institute, Middleburg, Virginia, Invierno 2003, Vol. 11, No. 1.

Hoge, Dean R., *The First Five Years of the Priesthood*, The Liturgical Press, Collegeville, Minnesota, 2002.

Howe, Neil, and William Strauss, *Millennials Rising: The Next Great Generation*, Vintage Books, Nueva York, 2000.

Kicanas, Gerald F., *The Heart and Core of Diocesan Priesthood* en *Vocation Journal*, Conferencia Nacional de Directores Diocesanos de Vocaciones, Little River, Carolina del Sur, Vol. 4, p. 49, 2002.

Kicanas, Gerald F., *Three Goals for Vocations Directors: Priesthood* en *Conferencia de los Estados Unidos para los Obispos Católicos*, <http://www.nccbuscc,org/vocations/articles/kicanas.htm> (Julio 11, 2003).

Levoy, Gregg, *Callings: Finding and Following an Authentic Life*, Three Rivers Press, Nueva York, NY, 1997.

Peck, M. Scott, *The Road Less Traveled*, Simon & Schuster, Inc., Nueva York, NY, 1978.

Pope John Paul II, *I Will Give You Shepherds*, St. Paul Books & Media, Boston, MA, 1992.

The Priest and the Third Christian Millennium, United States Catholic Conference, Washington, DC, 1999.

Quinn, Bernard, Ed., *"Ecumenical Planning for Mission"* in *Town and Country*, CARA, Washington, DC, 1968.

Rolheiser, Ronald, *The Shattered Lantern: Rediscovering a Felt Presence of God*, The Crossroad Publishing Company, Nueva York, NY, 2001.

U.S. Bishops' Committee on Vocations, *The National Strategy: "A Future Full of Hope," A Natural Plan for Vocations*, United States Conference for Catholic Bishops, Secretariat for Vocations and Priestly Formation, Washington, DC, June 2003.

Zander, Rosemund Stone, and Benjamin Zander, The *Art of Possibility*, Harvard Business School Press, Boston, MA, 2000.

www.ingramcontent.com/pod-product-compliance
Lightning Source LLC
Chambersburg PA
CBHW071758040426
42446CB00012B/2610